Todos los libros de Linkgua Ediciones cuentan con modelos de Inteligencia Artificial entrenados por hispanistas. Pregúntale al chat de tu libro lo que desees acerca de la obra o su autor/a.

Para ebooks: Accede a nuestro modelo de IA a través de este enlace.

Para libros impresos: Escanea el código QR de la portada con tu dispositivo móvil.

Obtén análisis detallados de nuestros libros, resúmenes, respuestas a tus preguntas y accede a nuestras ediciones críticas generativas para una experiencia de lectura más enriquecedora.
La transparencia y el respeto hacia la autoría de las fuentes utilizadas son distintivos básicos de nuestro proyecto. Por ello, las respuestas ofrecen, mediante un sistema de citas, las fuentes con las que han sido elaboradas.

Gabriel de la Concepción Valdés
(Plácido)

Poemas

Barcelona 2024
Linkgua-edicion.com

Créditos

Título original: Poemas.

Diseño de la colección: Michel Mallard.

ISBN rústica ilustrada: 978-84-9007-510-4.
ISBN tapa dura: 978-84-1126-064-0.
ISBN rústica: 978-84-96290-15-0.
ISBN ebook: 978-84-9897-794-3.

Sumario

Brevísima presentación

La vida

Gabriel de la Concepción Valdés (Plácido) (Cuba, 1809-1844).

Nacido de los amores clandestinos de una burgalesa y un mulato, pasó una parte de su infancia en la Casa de Beneficiencia y Maternidad. Estudió irregularmente debido a su difícil situación económica y desempeñó numerosos oficios (carpintero, tipógrafo, peinetero, improvisador). Reconocido por el poeta Heredia, que le propuso sin éxito costearle un viaje a México; colaboró en *La Aurora de Matanzas*, *El Pasatiempo*, y *El Eco de Villaclara*, entre otras publicaciones de la época.

Plácido es uno de los más relevantes poetas románticos de Cuba. Injustamente acusado en el proceso de La Escalera, murió fusilado.

Plácido

Ensayo de Eugenio María de Hostos

El poeta cuya vida vamos a recordar, fue mártir del miedo que España ha tenido siempre a la Independencia de sus colonias.

Como Heredia, que vivió y murió en el destierro, *Plácido* fue perseguido porque fue una personalidad.

Como Zenea, que murió fusilado por los mismos que lo tuvieron siempre errante, *Plácido* fue condenado al último suplicio porque su vida aterraba a los tiranos.

Hay, gracias a la lógica eterna de la razón universal, una incompatibilidad inconciliable entre la inteligencia y la tiranía, entre las virtudes y los déspotas: la tiranía odia a la inteligencia hasta en la muerte; el déspota odia la virtud hasta matarla. *Solitudinem facient*, como dice Tácito, y llaman paz a la soledad que han producido.

Por eso las edades más tristes son las más poéticas, los pueblos más tiranizados los más líricos.

Bajo el pie de la coacción lucha el cohibido, y del contraste entre la fuerza vencedora y el derecho no vencido, surge la vocación poética de la sociedad, hecha carne, hecha hueso, hecha hombre, hecha individuo en el poeta lírico.

Se ha concedido bienaventuranza a los pueblos que no tienen historia, porque no han tenido cataclismos. Yo concedo bienaventuranza a los pueblos que no tienen poesía lírica, porque no han sufrido tiranías; y por ver libre de España a Cuba, y por libertar de España a Puerto Rico, daría todos los poetas que han producido las dos islas infortunadas, y una vez devueltas al dominio de sí mismas, proscribiría perpetuamente a la poesía, que en tanto que allí haya poetas y resuene la voz de la poesía, dormiré con agitadas pesadillas: me parecerá que aun está España entre nosotros.

Mientras esté, la vida no tendrá más que un aspecto, el de la muerte, que es el aspecto que tenía Cuba al nacer y al morir *Plácido*.

I

Gabriel de la Concepción Valdés, llamado *Plácido*, nació en 1818: el lugar de su nacimiento fue Matanzas; los autores de su vida fueron un hombre moreno de color, un *pardo*, y una mujer blanca de color, una española. Matanzas es una de las ciudades más importantes de la Isla de Cuba, a menos de 25 leguas de la Habana, al Este de esta capital, en la costa norte de la Isla, y una de las mansiones más deliciosas de la tierra.

Está situada al extremo de la bahía de su nombre, contemplando el diáfano horizonte de las Antillas, que solo por llorar la dominación española se ha hecho opaco. El San Juan y el Yumurí, dos ríos tranquilos, serpean sesgamente por sus risueños campos, y fertilizan la ya de suyo providente tierra que tuvo una providencia mientras vivió ignorada, que solo tiene fatalidad desde que se presentó y se entregó a sus opresores.

En medio de esos dos ríos, la naturaleza, que es menos española que la Providencia, se obstinó en hacer eterna la protesta del suelo contra el usurpador, y para que las edades futuras compararan lo que había sido la Isla primitiva, tal cual la produjeron las evoluciones de la naturaleza, tal cual hacía las delicias del indígena, tal cual produjo las exclamaciones y el asombro inmortales de Colón, dejó en medio de los dos ríos de Matanzas el valle más encantador que han profanado jamás la codicia y la crueldad.

En aquel valle, al amparo de sus plátanos dadivosos, al abrigo de sus ceibas eminentes, a la sombra de sus mangos portentosos, al arrullo de las palmas —pararrayos que se mecen—, al alcance del cocotero delicioso; próximos al jobo calenturiento, a la jagua medicinal, al guayabo que fructifica sin descanso; entrelazados por los millares de parásitos que florecen a expensas de otras flores, fructifican a expensas de otros frutos (símbolo antediluviano de la dominación de España en el Nuevo Mundo); bloqueados por la naturaleza primitiva, solicitados por todos los pájaros de la floresta y por todas las alimañas de los bosques, habitadores solitarios del templo de árboles y flores, de agua y luz, de vida y armonía en que la naturaleza se muestra a los salvajes, en aquel valle, donde más tarde nació *Plácido*, nacieron los primeros hombres que halló España en aquella comarca encantadora. Los conquistadores no pudieron conseguir que aquellos inocentes moradores les dieran noticias de unos indios perseguidos, e hicieron tal y tan cobarde matanza en la comarca, que desde entonces hasta hoy y para siempre, conserva toda ella el nombre siniestro que lo recuerda.

El hombre indígena pasó; pero la vegetación indígena ha quedado, y el valle deleitoso en donde entonaran sus primeros y sus últimos areitos, los primeros y los últimos felices que desde su origen hasta hoy conoce Cuba, está allí protestando contra la muerte, y estaba allí cuando *Plácido* nació.

Nació en un momento de transición social.

La revolución de Independencia en las colonias del Continente amenazaba a España con la muerte de su imperio colonial, y era necesario que empezara a buscar en las Islas los tesoros que iba a perder en el Continente. Como todos los injustos, pueblos o individuos, España no ha conocido el precio de los bienes que ha perdido sino cuando ha tenido que retenerlos por la fuerza; y Cuba, imperio por sí sola (si empleando el lenguaje conceptuoso de los españoles, entendemos por imperio lo grandioso, lo valioso, lo excelente), había sido, con Puerto Rico, relegada hasta entonces al desdén.

Entonces empezó a creer que algo valieran aquellas Islas desdeñadas, y empezó a plantear el sistema que ha descrito el puertorriqueño Acosta en dos palabras pintorescas: *oprimir* para *exprimir*.

Ya en 1818 empezaba la grande Antilla a tener hijos, y dos de ellos habían ido al Continente a rogar a Bolívar que consumara su obra en las Antillas; pero el grande hombre estaba todavía en su grande empresa, y aunque no olvidó a las Antillas, tuvo que resignarse a seguir arrojando de Nueva Granada y Venezuela al enemigo. Los *Soles de Bolívar*, sociedad patriótica que entonces se organizó en Cuba, no fueron tan oscuros que no llevaran algún rayo de luz al opresor, y empezó en la grande Antilla una obra semejante a la intentada en Puerto Rico. Mejoró en apariencia su administración rapaz, para que el mundo, que es siempre crédulo en el fuerte, creyera que era injusta una guerra de independencia sostenida contra una metrópoli tan sabia, y se inclinara hacia ésta, condenando a los esclavos que querían emanciparse.

España ha creído hasta 1865 que mientras poseyera a Cuba y Puerto Rico no habría perdido su derecho a la propiedad del Continente, y para seguir poseyendo a las Antillas, se decidió a proceder de tal modo que, enriqueciéndolas para enriquecerse, fueran más débiles cuanto más prósperas.

Fortaleció el poder de su delegado, el capitán general, y formó un Tacón, un soldado brutal que acabó con los ladrones, pero que acabó también con todas las garantías del derecho.

Aumentó, por medio del sapientísimo guatemalteco Ramírez, el comercio de la Isla; pero sacrificó a su voracidad la libertad comercial del país. Modificó las condiciones generales de la vida, consintiendo a su pesar en que las comunicaciones con los Estados Unidos y con Europa le dieran las exterioridades de la civilización; pero aumentó la fortaleza de sus fuertes, el número de sus soldados, el presupuesto de guerra en la Isla.

Dejó que algunos cubanos se enriquecieran con su trabajo; pero mató el trabajo social, favoreciendo el comercio de sangre humana y dando a la esclavitud un desarrollo horrendo.

Permitió que los cubanos salieran a educarse a las escuelas de América y de Europa; pero bloqueaba por hambre a José de la Luz Caballero, a Betancourt, a cuantos de palabra o por escrito, en el aula o en el libro, intentaban difundir otra instrucción que la inmortalizada por el adagio que pide sangre para la letra.

Consintió en que el teatro educara a la población que se formaba; pero prefería la educación de los nervios y el oído, y la ópera italiana fue su auxiliar por mucho tiempo. Oían la música que los enervaba; no entendían las palabras que escuchaban, y el dios se sonreía; mas, si por acaso resonaba la palabra *libertad* entre el estruendo de sonidos instrumentales y vocales, el dios fruncía el ceño, el teatro se estremecía y se cerraba.

Esa anécdota que el femenino Castelar aplica al gobierno de Roma en no sé qué correspondencia de las muchas que lo sostienen en América para que con su indigna conducta sostenga en el Parlamento español las iniquidades de España contra Cuba, esa anécdota es un hecho histórico, que ha acontecido en Cuba, que durante muchos años ha sido ley en Cuba.

Cuenta el sofista español que el gobierno papal había prohibido que se cantara en el teatro el dúo de barítono y tenor que concluye en el segundo acto de *los Puritanos*, invocando ¡*libertad*! Si el gobierno romano lo hizo, fue un plagiario; la idea original es de Tacón, el general español que después de haber perseguido en Cuba a los ladrones, se fue rico a España. Durante su gobierno o su tiranía o su endiosamiento, se presentó una compañía de ópera italiana que cantaba a los entonces en boga Donizetti y Bellini. Puso *los Puritanos* de este último en escena, y cuando los artistas encargados de invocar la libertad dieron el grito, España, representada en sus generales, soldados y pulperos, se espantó; los artistas fueron reducidos a prisión; el espectáculo se suspendió, y desde entonces, o no se cantaba el dúo de *los Puritanos*, o se cantaba «gritando... *¡lealtad!*»

Esta época de transición en que Cuba pasaba del abandono al cuidado, de la pobreza a la riqueza, del bienestar de la indiferencia al malestar de la tiranía, duró tan indefinida, tan vaga, tan imperceptible, tan caprichosa como la hemos presentado, lo que la vida de *Plácido*: desde 1818 hasta 1844. Es cierto que la transición, más clara y decisiva, empezó cuatro años después de la supuesta conspiración de negros y mulatos que llevó a *Plácido* al suplicio; pero no hay una inexactitud escandalosa en encerrar en la vida del poeta ese período.

II

Como el período de transición en que nació, *Plácido* era fisiológicamente una transición. Venía de la raza africana por su padre hacia la raza caucásica representada por su madre. Iba del negro al blanco, como el movimiento etnográfico de la Isla; del estado de esclavitud al de manumisión, como el movimiento político de Cuba.

Era (en el único retrato que se conserva de él) enjuto de carnes en el rostro, de color indeciso entre el blanco y el mulato, de nariz regular, de boca pequeña y expresiva, de ojos negros muy grandes, tan brillantes y tan expresivos como todos los ojos que se hunden en las órbitas para recoger más luz y hacer más intensa la mirada; tenía la frente espaciosa que necesita el pensamiento, alta como la exige la fantasía, tersa como lo quiere la pureza de intenciones: su cabello era crespo. El cabello rebelde, el pómulo saliente, el brillo característico del ojo, denuncian en aquella dulce fisonomía al africano, en tanto que el ángulo facial, la regularidad de la nariz, la delgadez de los labios, la extensión de la frente, delatan al blanco.

Así es en los rasgos generales la fisonomía social de las Antillas: al lado del elemento etíope se ha formado el caucásico; entre ambas, el mestizo; y en todos ellos, las virtudes y los vicios característicos de las razas que representan se confunden con los vicios y los errores y las monstruosidades que ha llevado la raza dominadora.

En las Antillas, es natural y necesaria y conveniente y civilizadora esa fusión y confusión de razas, porque de ella ha de salir la sociedad *sui generis* que en condiciones fisiológicas y morales corresponda al medio geográfico. Los españoles, que afectan un desdén español por esas mezclas, sirven también a la fusión, y han servido, no solo por debilidad de la naturaleza humana, sino hasta por especulación. Una esclava, como una gallina o una yegua, vale más cuanto más procrea, pues cada fruto de su procreación es un valor aparte. Hacer procrear a esas esclavas, crear por medio de ellas valores nuevos, ha sido arte y oficio, objeto y fin de muchos españoles de las Antillas. Vendían a sus hijos, es verdad; pero tenían en el vientre de la esclava la mina inagotable que buscaban, y ningún español de las Antillas ha incurrido jamás en la flaqueza de tener conciencia.

No era muy pulcra la que regía a la cómica española que fue madre de *Plácido*, y, a pesar de los escrúpulos de raza, se entregó al peluquero mulato que, entre rizo y rizo, prendía una galantería y concluyó por prender el corazón de la española.

Ser infiel al marido y al orgullo de casta no era un mal, y pudo hacerlo; presentarse ante el mundo con el fruto de aquel perjurio y de aquella degradación hubiera sido abominable, y la cómica española abandonó a su hijo.

No sabiendo qué hacer con él, su padre lo abandonó también; pero su abuela, una pobre negra, que era ciega y que había sido esclava, tuvo más luz en su conciencia, más libertad en su alma que los dos miserables licenciosos; y reclamó ante el mundo su derecho y recogió a su nieto.

Lo educó en el trabajo y la indigencia, y el niño hubiera sido un indigente más, si, prendado de su docilidad y su viveza, no le hubiera tomado a su cargo un no sabemos si cura o maestrescuela, que, al par que lo dejó continuar en el aprendizaje de peinetero, le enseñó cuanto sabía: a leer, a escribir, a contar, a murmurar palabras dirigidas al padre desconocido.

Así, haciendo peines y peinetas de carey; adquiriendo una notoria habilidad en su oficio; debiéndole el miserable pan que compartía con su abuela, leyendo los pocos libros que le caían en la mano; sintiendo nacer en su alma la personalidad poética que la nativa disposición de sus facultades, unida a las solicitaciones del mundo exterior en que se movía sin conciencia, formaba lentamente; examinando los hombres y las cosas; observándose y observando, llegó *Plácido* a la edad poética por excelencia, porque es por excelencia melancólica.

III

Tenía veinte años. A esa edad, todos sus compañeros de taller sabían dos cosas: que tenían un padre (si no era español) o una madre (aunque fuera negra) y que tendrían una amante, una esposa, una madre de sus hijos.

Entre todos el más poderoso por su alma, *Plácido* era el más impotente por su estado. ¿Qué era él? ¿hijo? jamás había sentido sobre su frente el aliento de su madre; de su padre, solo sabía que hacía una incursión semanal al hogar desamparado de su abuela para llevarse la mayor parte del miserable salario que sus peines de la semana producían. Tuvo un día una reyerta con un blanco que le llamó *pardo*: tuvo una querella con un su igual en color que le llamó *bastardo*.

Se llevó al hogar desamparado las dos ideas terribles; incubó largamente sobre ellas; se alimentó copiosamente de la amarga substancia de verdad que contenían; miró con desconfianza a aquel hombre que llamaban su padre; buscó con la última mirada del alma desesperada a aquella madre, tanto más sorda cuanto más llamada, tanto más invocada cuanto más sorda a su clamor, y perdió la seguridad que hasta entonces le había dado su confianza en los otros y en sí mismo.

Pero tenía una fuerza interior que, aun no dominada, obedecía a su voluntad, y cada vez que una mirada de los otros hacia el o una mirada de él hacia los otros demarcaba la separación en que vivía de todos y de todo, se retiraba a la soledad del valle, en donde, divagando entre pájaros y flores, murmuraba palabras cadenciosas que correspondían a los sentimientos que expresaban y al ritmo misterioso de su espíritu; cuando la pena era muy honda o muy punzante el dolor que le aquejaba, se recogía en su rancho, y allí convertía en signos su dolor.

Era poeta.

¡Pardo, bastardo, y poeta! Sin comprenderla, presintió la monstruosidad de aquella asociación de debilidades sociales y de pereza individual, y se espantó. Era pardo y bastardo, y era débil; era poeta, y era fuerte. Era pardo, y era un desheredado del respeto público; era bastardo, y era un proscripto de la sociedad. Era poeta, y sentía fuerzas para ser más fuerte que el respeto público, más poderoso que la sociedad que lo rechazaba con desprecio.

Era poeta, y amaba lo bello que veía. Vio lo bello, y lo amó. Era una mujer blanca: él era pardo; una hija de la fortuna: él un bastardo. Hubo una lucha. Pero era la lucha de la adolescencia, franca, estruendosa como ella; y la virgen blanca oyó el quejido del luchador. La dulce felicidad del triunfo tomó forma en uno de los romances octosílabos más dulces, más tiernos, más delicados que ha producido la musa tropical:

La flor de la cera

Una mañana de abril,
Antes que el alba serena

Ornara el cielo de nácar
Y los pensiles de perlas,
Paseaba yo divertido
Del San Juan por la ribera,
En un jardín que a su orilla
Preciosas plantas ostenta:
Con un cestillo de mimbres
Y unas tijerillas nuevas,
Estaba una joven linda
Cortando flores de cera.
Ocultéme entre unas ramas,
De jazmín y madreselva,
Que abrazan a un rojo adonis
Formando bóveda espesa.
Era su frente brillante,
Como del amor la estrella,
Sus ojos vivos y hermosos,
Negras y largas sus trenzas,
De marfil su dentadura,
Su boca purpúrea y bella
Y su cutis fresco y blanco
Como la flor de la cera.
Llevaba una manta azul
Bordada de blanca seda,
Cadena y manillas de oro
Y aretes de finas piedras;
Hablando consigo misma,
De que la oyesen ajena,
Tomando la más lozana,
Dijo la simple doncella:
«Dice bien Delio que eres
De los jardines la reina:

¡Si yo fuese tan hermosa
Como el panal de la cera!»
De su voz, el eco suave
Me hizo conocer a Lesbia,
Con la cual bailé mil veces
De Pueblo-Nuevo en las fiestas.
Y de Delio bajo el nombre
Le hice amorosas protestas.
¡Conque aquí mi Lesbia mora,
Y de su Delio se acuerda!
¿Podré dudar que me ama
Esta inocente belleza,
Tan sencilla, alegre y pura
Como la flor de la cera?
Escogió después algunas,
Sentóse sobre la yerba,
Formó una hermosa guirnalda
Y se coronó con ella,
Fuese a orillas de un estanque
De agua clara, limpia y tersa;
Vióse el rostro en el cristal,
Y exclamó de gozo llena:
«Ya estará Delio en el puente,
Y cuando pasar me vea,
Dirá que soy tan preciosa
Como la flor de la cera».

IV

Era pardo; pero era amado: era bastardo; pero era poeta. Todo fe en su fuerza, y volvió con más confianza a la lucha. La blanca despreciaba a los pardos, y los pardos zaherían a los bastardos: ¿cómo dominar a los blancos y a los pardos?

Era imposible por la fuerza; pero era posible por la astucia. De huraño que era, se hizo dúctil; de susceptible se convirtió en accesible, y apenas el primer amigo íntimo cometió la deslealtad anhelada de revelar a los otros que el pardo bastardo era poeta, sus iguales le rindieron pleito homenaje, y sus superiores vinieron a examinar aquel absurdo. En los unos, el orgullo de raza; en los otros, la generosidad forzada que reconoce a gritos el mérito que ya se ha hecho camino, produjeron una contienda de alabanzas que hicieron de *Plácido* el niño mimado de las dos ciudades que él, por su origen, enlazaba.

Matanzas enloqueció de alegría, y no hubo boda, festín, baile, velorio, cumpleaños, para el cual no se exigiera una poesía de *Plácido*. Los negros, los mulatos y los pardos le pagaban en afecto sus poesías. Los blancos se las pagaban en dinero, y hubo un ladrón español bastante hábil (*hábil*, que en mi lengua, es *pícaro*) para concluir por monopolizar aquella mina de octavas y de décimas, de la cual, como sucede con las minas, salía la fortuna del minero al par del agotamiento del venero.

Pero en tanto que su mina se agotaba y en tanto que la explotaba el español, Plácido vivía contento de su gloria y satisfecho del menguado provecho que de sus versos obtenía.

En este momento de la vida del poeta acaeció lo que debía acontecer. Se había familiarizado con el mundo; le daba la versatilidad de entendimiento que él exige; la viveza fugaz de pensamiento que reclama; la dócil voluntad que le agrada; la impersonalidad que le complace; la condescendencia que demanda para sus errores, sus vicios y sus deformidades; la flexibilidad que necesita para someter a todos los que aplaude, acaricia o engrandece, vivía en él consentido y consintiendo; riendo y parlando como todos; amando y desamando como todos; engañando, como los menos embusteros; desengañándose, como los menos pesimistas; corrompiéndose, como incauto adolescente; buscando la felicidad en el placer, como los tontos; buscando la fuerza en la artería, como los hábiles; contento del presente, como los contentadizos; incierto del porvenir, como todos los que no tienen un fin cierto en su existencia; y era feliz, porque era uno de tantos.

En esta afirmación no hay un sarcasmo: hay una estricta verdad de observación. La hoja, la arista, el átomo liviano que el viento recoge, eleva, arremolina, esparce, va con el viento donde el viento va: no le resiste, y, si perece, perece porque es perecedero, no por haber apresurado en la lucha su muerte. La planta, el árbol, el cuerpo que se arraiguen, resisten el huracán; el huracán los lleva; pero los lleva destrozados. Lo que es la naturaleza, es la sociedad. El hombre es feliz o es desgraciado, según que se deje llevar por los que van en grupo, o que se para en el camino contra el grupo.

Plácido se dejó llevar; aceptó el orden que existía; respetó lo que encontraba; transigió con aquella sociedad en donde el color esclavizaba y el crimen enloquecía, y el propietario de la tierra era huésped en su patria, y era señor el extranjero, y la palabra era un privilegio, y el pensamiento un atentado, y la conciencia una cárcel, y el derecho una osadía, y libertad fruto vedado, y la justicia un crucificado; olvidó en las satisfacciones de vanidad y de sentidos las ideas que la iniquidad había hecho germinar en su alma, y era feliz porque no luchaba, porque no se despedazaba en la lucha, porque iba adonde la corriente lo llevaba.

La destreza que había adquirido en su oficio de peinetero bastaba a su sustento; la gracia, ora sencilla, ora punzante, de sus composiciones poéticas, bastaba a su renombre; con los gajes de su oficio llenaba sus obligaciones; con el producto de sus versos satisfacía las necesidades superfluas que se había creado; y, vencedor de la miseria con su trabajo, vencedor del desprecio con su talento, se creía exento de necesidades más altas del espíritu.

Su educación era tan incompleta como es la educación casual que da la experiencia del mundo y de los hombres; su instrucción era tan fútil como es la instrucción que se adquiere en lecturas desordenadas; y, como no tenía tiempo para recogerse en sí mismo, porque no le dejaban tiempo ni solaz para hacerlo los multiplicados estímulos de su trabajo material y del placer, no meditaba ni en sí mismo ni en la naturaleza, ni en la vida, ni en la sociedad.

Hubiera podido meditar, y el rápido progreso que en días de angustia hizo su espíritu, lo hubiera preparado para el combate a que estaba destinado.

Hubiera podido meditar, y hubiera visto cuál era en aquel momento la situación de su país y de su raza; el deber que uno y otra imponían a su alma generosa; la diferencia que había entre ser uno de tantos, como era, y ser uno entre pocos, como merecía ser.

Entre 1838 y, que es el momento a que en la vida del poeta hemos llegado, habían acontecido dos sucesos que hubieran podido modificar la conducta de Plácido, si la meditación lo hubiera iluminado.

1835 fue el año en que el general español Lorenzo, gobernador del distrito oriental de Cuba, se rebeló contra la autoridad española de la Isla. Se rebeló en nombre de la Constitución española que el capitán general no había querido proclamar; se rebeló en nombre de intereses de partido meramente españoles; pero se rebeló, y el ejemplo era de suyo tan provocativo, que no hubo corazón cubano en cuyas fibras no resonara como un clamor de independencia aquella algarada de un liberal español disgustado.

En 1836, Cuba y Puerto Rico, que habían sido invitadas a las Cortes españolas, recibieron el ultraje más cobarde que podía hacerse a pueblos menospreciados. Argüelles y Olózaga, los dos omnipotentes de España en aquella época, temían o afectaban el temor de que, representadas las Antillas en las Cortes, sus diputados influyeran desde ellas para llamarlas a la revolución.

Esta necedad, que solo a eminencias políticas de España puede ocurrirse, se convirtió entonces en axioma. Como se ha convertido hoy en apotegma la afirmación hecha por Castelar, para cohonestar su innoble conducta con respecto a Cuba, de que la revolución cubana ha imposibilitado el triunfo de la república en España, entonces se convirtió en credo de todos los partidos la aseveración de los dos enemigos encubiertos de América. Eran omnipotentes y se hizo lo que quisieron, y los diputados de Cuba y Puerto Rico fueron expulsados de las Cortes so pretexto de que el Gobierna daría sus leyes especiales que, para consignar perpetuamente la iniquidad, se pusieron después, en la constitución de 1837, como precepto fundamental de la monarquía.

Estos sucesos, que habían conmovido a las Antillas, no hallaron eco o no dejaron huella en el espíritu de Plácido.

En tanto que las dos Islas desgraciadas maldecían a Isabel II, él la cantaba; mientras ellas vituperaban a Cristina prostituta, él celebraba las glorias de la reina madre. A los generales-gobernadores que Cuba culpaba de su opresión, él los ensalzaba en sus versos lisonjeros, y una gran parte de sus poesías está consagrada a rimar la adulación.

V

La luz brilla más cuanto más oscura es la noche que la ha precedido, y, lejos de rehuir nosotros la necesidad de estudiar el triste momento que en la vida del poeta-mártir estudiamos, nos complacemos en presentarlo en la completa realidad que conocemos. Cuanto más angustioso sea para la razón el examen de las debilidades de Plácido, más placentero será para la conciencia el progreso a que se elevó por sí misma aquella alma caída por un momento en el lodo que por todas partes la rodeaba.

Para juzgar una vida es necesario estudiarla en todos sus momentos. El progreso, el quietismo, la declinación, la recomposición de sus fuerzas son momentos necesarios de ella, y miente y hace un mal el que oculta el momento del quietismo y el de declinación, para hacer interesante una existencia. El interés de ella no nace del absurdo, y es absurdo suponer que un ser humano, aun cuando la misma omnipotencia le hubiera delegado sus funciones, puede realizarse en la vida humana de otro modo que conformándose a las leyes de la vida, a las condiciones del ser en este mundo, a las circunstancias que lo circunscriben en la sociedad.

Interesante, patética, admirable es la vida del hombre que, sujeto a un medio determinado y cohibido por él, se sobrepone a él, y se eleva por su propio esfuerzo, y se purifica por la acción espontánea de su conciencia.

Desde este punto de vista, la vida de *Plácido* es admirable. Fue débil porque el medio en que vivió lo oprimía; fue fuerte porque triunfó del medio opresor. Fue casi miserable porque pactó con la miseria moral que lo bloqueaba; fue un potentado del espíritu, porque se elevó por sí solo desde aquella degradación hasta la altura en donde su muerte y la última parte de su vida lo han situado.

Preferible, para él y para la posteridad, hubiera sido que se hubiese mantenido puro de las flaquezas que sus mismos rasgos de genialidad denuncian; pero también hubiera sido preferible que Cuba, para llegar al heroísmo que admiramos y bendeciremos mañana, no hubiera pasado por la disolución social en que ha vivido mientras ha sido española; en que vivía en la época de *Plácido*; que en éste como en otros ha dejado su huella cancerosa.

La Isla de Cuba estaba, mientras Plácido cantaba las glorias de Isabel y de Cristina, en la peor de las situaciones en que puede estar un pueblo esclavo: estaba contenta de su amo. Excepto los escogidos excepto aquellas almas refractarias a todo brillo falso, criollos y españoles, blancos y negros, pardos y mulatos, especuladores de sangre humana y honrados propietarios de los campos, todos estaban satisfechos. Se habían abierto las puertas de la Isla a la invasión de esclavos africanos y los capitanes generales, los generales-gobernadores, los empleados de la justicia y del gobierno, se enriquecían favoreciendo el tráfico negrero. Los agricultores centuplicaban el valor de sus tierras y cosechas, dando brazos a la agricultura. El comercio crecía con una fuerza que parecía maravillosa a los imbéciles que, incapaces de comprender lo que significan las Antillas en los fines históricos de América, solo podían comparar el progreso que veían con el desaliento que habían visto. Sus aduanas producían lo bastante para llenar el presupuesto de la Isla y mandar los codiciados sobrantes a la voraz metrópoli. Ésta estuvo contenta de su siempre fiel Isla de Cuba. Los españoles llovían sobre la Isla. Se deslizaban con ellos algunos extranjeros. La industria nacía, se formaba y se desarrollaba en un mismo momento. La reina de España sonreía. El gobierno de España sonreía. El gobierno colonial sonreía. Y aun el cielo y el mar y el campo y el egoísmo individual sonreían también; ¿qué extraño, por repugnante que sea, es que un alma tan alta como fue Plácido en su principio y en su fin cayera tan bajo en aquel momento?

No es extraño; pero es repugnante, y nosotros no podríamos leer sin invencibles repulsiones del estómago, las páginas consagradas por Plácido a enaltecer la indignidad; no podríamos leerlas sin desgarrarlas antes de leerlas, si no contribuyeran a hacernos más odioso el estado político, social, moral e intelectual de las Antillas, corrompidas por España.

En cuanto sirven para demostrar, por contraste, hasta qué punto se descomponían en aquella atmósfera infecta el sentimiento de la dignidad por la indignidad reinante; la noción de lo bueno y de lo justo, por el mal omnipotente y por la iniquidad procaz; el concepto del derecho individual y social por el desprecio de la autoridad hacia el derecho, por el abatimiento de la sociedad, por la fuerza del egoísmo individual; la abjuración de la libertad, por el instinto de seguridad; el orden moral, por el soborno de caracteres y conciencias; la moralidad intelectual, por el escepticismo, en cuanto sirven para demostrar la hedionda laceria que gangrenaba a aquella infortunada sociedad, aun no formada y ya postrada, aun no organizada y ya desorganizada, cadáver de un cuerpo no desarrollado, esqueleto de un muerto que no había vivido, infante contaminado desde el claustro materno por la mortal enfermedad de sus generadores, las páginas dedicadas por *Plácido* a adular el mal circunstante, el vicio circunstante, la injusticia omnipotente, son preciosas. Con ellas en la mano, y sin otro dato que ellas y sin otro instrumento de análisis que la comparación de esos versos bochornosos con las demás poesías que constituyen la honra y la gloria del poeta, puede el hombre de espíritu elevado conocer la horrenda situación de las Antillas, odiarla, condenarla y maldecirla.

En las epidemias morales, como en las atmosféricas, los espíritus más sanos se contagian más pronto si no se preservan de la influencia deletérea. El odio virtuoso es el mejor preservativo contra las epidemias morales, y *Plácido* no sentía ese odio virtuoso.

Era joven, y transigía con los sentidos; era débil, y transigía con los fuertes; era bueno, y transigía con los malos; era artista, y transigía con la vanidad. Todas esas transacciones lo debilitaban; pasaba de un amor liviano a otro liviano; de un miedo de su impotencia social al mismo miedo; de una falsa idea de la bondad a un odio falso contra ella; de un sacrificio a su vanidad a otro sacrificio al amor propio pueril que constituye el genium irritabile de la irritable gente de letras y de arte; y entre despechos amorosos y despechos literarios, fabricando palabras contra necios o rimando palabras contra ingratas, adulando lo que instintivamente maldecía, maldiciéndolo que acababa de adular con versos aduladores, era resumen viviente del detestable momento de transición en que vivía, de la enferma sociedad que lo abortaba. La sociedad se moría de miedo de pensar, y él, como ella, ocultaba, para vivir, su pensamiento. El momento social era de adoración a los sentidos, de silencio de conciencia y de ruido de palabras, y él se abandonaba a la inmoralidad, ponía mordaza a su conciencia, y hablaba y hablaba, y más hablaba.

VI

Hablaba bien. Hasta las palabras que vendía a una señora del poder son elocuentes, y hay composición suya a las Mesalinas que ocupaban el trono de España y a las Claudias que ocupaban el trono de la Isla, que indignan por lo bellas, que irritan por lo inspiradas, que mortifican la conciencia por la conciencia estética con que están ejecutadas.

Hace ya mucho tiempo —todo el tiempo que tiene nuestro odio a las vanas apariencias, que detestamos el culto de las formas por las formas, y no cometeremos la crueldad de presentar como mérito de *Plácido* las vanas bellezas literarias que hoy punzarían su conciencia, que hoy le provocarían remordimientos intelectuales—. Quedan en el libro esas poesías para probar que el mal es más deforme cuanto más se engalana y se embellece.

El manzanillo es un árbol tropical. Su elegantísimo tronco, sus graciosas ramas, sus brillantes hojas, su flor encantadora, su espaciosa copa, deleitan la vista del botánico: su ciencia lo preserva de aquel árbol, porque en su sombra, en la savia de su tronco, de sus ramas y sus hojas y en el néctar de sus flores, solo hay muerte. Manzanillo es la sociedad colonial en las Antillas, y los frutos que a su sombra se recogen son de muerte. Las poesías de *Plácido* a los autores de aquella corrupción son venenosas.

Son, al contrario, saludables las poesías en que, dejando de ser poeta de la infamia, se sustrae del medio en que vive para ser hombre.

A mi amada

Mira, mi bien, cuán mustia y deshojada
Está con el calor aquella rosa
Que ayer brillante, fresca y olorosa,
Puse en tu blanca mano perfumada.

Dentro de poco tornárase en nada:
No verás en el mundo alguna cosa
Que a mudanza feliz o dolorosa
No se encuentre sujeta u obligada.

Sigue a las tempestades la bonanza,

Siguen al gusto el tedio y la tristeza;
Perdóname, que tenga desconfianza

Y dude de tu amor y tu terneza,
Que habiendo en todo el mundo tal mudanza,
¿Solo en tu corazón habrá firmeza?

Quiten los puristas y los gramáticos el italianismo y la incorrección que encontrarán en uno de esos versos, y digan los críticos si ese dulcísimo soneto no corresponde en fondo y forma al delicado pensamiento que poetiza, y digan los pensadores si el sencillo corazón que así latía hubiera sido capaz, en un medio social más puro, en una atmósfera más sana que la creada por la corrupción colonial en las Antillas, de las flaquezas que deforman la hermosa fisonomía moral del poeta mártir.

Los recuerdos más tiernos son aquellos que surgen en los momentos de endurecimiento de corazón. *Plácido* debió escribir esa poesía en los momentos en que lo colocamos: cuando ya la duda de sí mismo, creada por la inmoralidad de su conducta, la lejanía de su conciencia, el recuerdo de la blanca segadora *flores de cera*. Como es ella la aquí recordada con tristeza, es ella la acusada de fría en este otro soneto:

A una ingrata

¡Basta de amor! Si un tiempo te quería,
Ya se acabó mi juvenil locura,
Porque es, Celia, tu cándida hermosura
Como la nieve, deslumbrante y fría.
No encuentro en ti la extrema simpatía

Que ansiosa mi alma contemplar procura,
Ni a la sombra de la noche oscura,
Ni a la espléndida faz del claro día.
Amor no quiero como tú me amas,
Sorda a mis ayes, insensible al ruego;
Quiero de mirtos adornar con ramas
Un corazón que me idolatre ciego;
Quiero abrazar una mujer de llamas,
Quiero besar una mujer de fuego.

En tanto que los admiradores de hermosas formas admiran las de esos catorce versos y paladean la sensualidad que ellos respiran, notemos nosotros la influencia morbosa del medio social en el alma del poeta. Amó a la blanca segadora de flores y la consideró como un trapo, al ser amado. Volvió con la memoria hacia ella, y se asustó de seguir siendo amado cuando ya otros amores sensuales habían desvanecido su cariño; pero la busca, la solicita, la estimula, la irrita con su pasión, y cuando ella, fuerte en su afecto, se resiste, la acusa y la abandona.

El sentimiento es la facultad humana que más pronto se corrompe. Corrompida, se convierte en sensualidad. La sensualidad es el síntoma característico de la enfermedad social que se llama decrepitud. No pudiendo ser decrépita por sí misma una sociedad no formada, como es la sociedad de las Antillas y era la sociedad de Cuba en el período en que la presentamos, es claro que su decrepitud era transmitida. El estado moral de *Plácido*, sujeto a la influencia de la sensualidad, demuestra la enfermedad social que lo contagia; luego, es escrupulosamente exacto el juicio que, estudiando al poeta en este momento de su vida, hemos formado de la sociedad en que vivía.

VII

Hay en la colección de poesías que forman la obra del poeta pardo, unas cuantas composiciones de un género tan excepcional en el carácter eminentemente subjetivo de su concepción poética, que sería difícil explicar a qué momento de su vida corresponden, en qué momento de su obra se sitúan lógicamente, y cómo se produjeron en su vida y en su obra, si ésta no se explicara por aquéllas. Son sus fábulas.

Las tres de que vamos a valernos, mucho más para presentar en todas sus fases al hombre, que para hacer paladear en todas sus delicias al poeta, van a decir por sí mismas cuán lógicamente corresponden al momento en que estamos del poeta y cuán naturalmente se enlazan a su obra.

La fábula es un género de poesía intermedio entre la lírica y la satírica. Después de sentir su mundo interno, el poeta lo objetiva, y lo ve en la realidad del mundo y de la vida.

Subjetivamente, en el Yo individual, en el alma del poeta, era melancolía, tristeza, dolor, indignación, sollozo; y la concepción exclusivamente subjetiva e individual del mundo, de la vida, de las luchas morales e intelectuales de la época, había producido al poeta lírico.

Objetivamente, en el mundo, en la realidad, en vida, en la época, el mundo es lo que es, la vida lo que debe ser, la realidad es lo que debe esperarse del contraste de ideas, pasiones e intereses que la forman; y es la concepción objetiva de la época en que vive, hace del lírico un poeta satírico, que así será fabulista, moralista o elegíaco desesperado o satírico implacable, según sea la reflexión de la realidad en el sujeto y según que las cualidades nativas de éste propendan al orden o al desorden moral.

Fabulista, elegíaco o satírico, todo poeta que cultive uno de esos géneros, es un hombre que ha llevado en su alma un mundo que creyó superior al mundo real, y que, al ponerlo en contraste con éste, vio despedazado su ideal. Lo compara, lo llora o lo maldice; sonríe, lagrimea o protesta; afirma, vacila o niega, y se da el moralista que compendia en apólogos la sabiduría de la experiencia o el pesimista que vacía en cantos elegíacos su desconsuelo de la realidad, o el escéptico que modela en sátiras punzantes las maldiciones con que se defiende del vacío de su vida.

VIII

Plácido se hubiera conformado en el medio social en que vivía, si hubiera continuado cantando indiferentemente las emociones de su alma, tan ignorante de las modificaciones que en ella operaba el mundo que lo rodeaba, como de los errores, ridiculeces, vicios y deformidades con que, sin él saberlo, lo contaminaba aquel mundo que tantas atracciones había ejercido sobre él, que tantas repulsiones debía despertar en su raza. Había vivido de su vida propia, creyendo que lo imaginado, sentido, concebido y realizado por él era la realidad. Se había habituado a creer tan sencillo, como él era, aquel mundo que lo halagaba; tan desinteresada, como era su propia vida, aquella halagüeña acogida que le había hecho el mundo; tan incondicionales, como eran su abandono y su fe en el mundo, las alabanzas que le prodigaba éste, el olvido en que habían caído del origen oscuro y bastardo del poeta; y mientras lo creyó y halló conformidad entre él y el mundo no salió de sí mismo para examinar la realidad.

Pero, la realidad fue a él.

Ser pardo y atreverse a ser poeta; ser bastardo y atreverse por su talento a romper el valladar que ponen las desigualdades sociales al origen, es una osadía que, en el primer momento de sorpresa, podía disculparse y aun celebrarse; pero era imposible disculpar y tolerar que el aplauso arrancado por la sorpresa continuara autorizando aquel extravío de las leyes estrictas de la conveniencia, y, sordamente, como se forman las tempestades tropicales, fue formándose sobre la cabeza del poeta confiado la nube que debía fulminarlo.

Cuentan los biógrafos de Juan Pablo Federico Richter que, habiendo el virtuoso pensador contraído por economía la costumbre de usar larga la melena y cortado a la *Hamlet* el ropaje, S. M. el público del lugar en que vivía se indignó e hizo cuanto pudo por abrumar con su murmuración a Richter.

Resistió éste hasta que le fue imposible resistir. En la noche callada de un sábado, se hizo recortar la cabellera, rehízo a la usanza común el ropaje impopular, y puso en la puerta de su casa este aviso: «Juan Pablo Federico Richter tiene el honor de anunciar al respetable pueblo que mañana, domingo, se exhibirá sin melena y sin ropaje.»

Los colugareños del venerable pensador alemán son colugareños del mérito en todos los lugares de la tierra.

Es una ley que hasta en la vida animal y vegetal está vigente. Cuando el león se muestra benévolo, los cachorros lo arañan. El árbol sobresaliente de las montañas andinas es el más acariciado, apretado y sofocado por los «coiles».

Ni el «lingüe», ni el león, ni el hombre de mérito pueden vivir consentidos en la sociedad de las plantas, de las fieras y los hombres, sino a condición de que se dejen sofocar.

La primera percepción de esta tristísima verdad se manifiesta por su sentimiento de debilidad individual, tanto más activo cuanto más pasiva ha sido la confianza que inspiraba el mundo. Entonces, el confiado desconfía, el expansivo se recoge en sí mismo, mide su fuerza y la del mundo, nota la desigualdad, y en vez de luchar a cuerpo descubierto, se apercibe al combate de emboscadas. Es el momento de la sátira, de la maledicencia, de la ironía y del sarcasmo. Por un error en que el instinto de conservación tiene gran parte, la suma debilidad a que ese momento corresponde, parece a la imaginación alucinada que ha llegado al estado de fuerza, y nunca se cree más fuerte el que protesta ante el mundo, que cuando es más débil y más prueba su debilidad con su conducta.

La de *Plácido*, al notar que no se le perdonaba su talento, obedeció a ese común error de todos los repelidos por el medio en que están llamados a imponer su inteligencia, su ciencia o su carácter.

Los que entonces lo conocieron, me decían no hace mucho en Nueva York: «*Plácido* tenía llenos de ironías los labios, y su lengua era una daga.»

En donde ellos veían la fuerza, vi yo la debilidad: en donde ellos hallaban la prueba de su poder intelectual, encontraba yo la prueba de su impotencia social.

Plácido era impotente contra la sociedad, y hubiera empleado contra ella todos los alfileres del ingenio, todos los agujones de la sátira, todos los puñales del sarcasmo, si no hubiera empezado a verificarse en su alma la evolución que lo ha salvado para la posteridad.

Las fábulas corresponden a esa evolución.

En las tres que nos han servido para estudiarla, el poeta vale menos que el hombre; pero el hombre empieza a valer tanto, que ya alborea el carácter. Las exterioridades, que son el funesto criterio con que el mundo juzga los hombres y las cosas; los aduladores de la fortuna, numerosísima porción de humanidad que así aplaude los triunfos del mal como condena los desastres del bien; la vanidad soberbia, que atribuye a casualidades de la fortuna el mérito y el poder que solo alcanzan los esfuerzos reflexivos, son tres temas que glosa constantemente en su vida todo hombre que vive combatiendo.

Plácido los glosó en las tres fábulas que vamos a extractar. Nadie en su tiempo y en su medio pudo tal vez glosarlos con más intensidad de sentimiento.

Pesaba sobre él la maldición de su color, y vivía tanto más humillado cuanto más vivo era el sentimiento de su personalidad. El tributo que rinde toda sociedad a las exteriodades, lo condenaba al suplicio más doloroso que puede tener la dignidad individual; poeta, servía para algo, y lo utilizaban; pardo y bastardo no podía servir para nada, y, apenas utilizado, lo rechazaban.

De este martirio de la dignidad que en las sociedades constituidas sobre la desigualdad de clases, prepara y determina las colisiones sociales, hubiera podido surgir en *Plácido* un enemigo acérrimo de la sociedad: estaba anticipadamente disculpado; pero resultó un moralista. El esfuerzo de razón, la bondad de corazón, la elevación de alma que se necesita para arrojar el arma de combate y para despojarse del espíritu de venganza que germina lógicamente en toda dignidad sistemáticamente cohibida; la sucesión de ideas que preceden al moralista en todo hombre desasosegado por obstáculos insuperables; la lucha sorda que es necesario sostener consigo mismo para elevarse del estado de protesta al de benevolencia; la distancia inmensa que ha recorrido el espíritu desde que sorprende la primera iniquidad social hasta que la examina sonriendo y la perdona porque la razona, bastan para denotar un gran progreso individual.

Todo progreso en un individuo significa mejoramiento. *Plácido* no hubiera escrito la fábula en que, sonriendo plácidamente, condena el homenaje del mundo a las exterioridades, si no se hubiera mejorado, si no hubiera empezado a reaccionar contra el medio que lo sofocaba, si no hubiera llegado ya a tanta altura moral que pudiera contemplar su existencia, y sin amargura, los vicios sociales de que era víctima cxpiatoria.

Podía no irritarse, podía sonreírse, y en vez de vengarse, meditaba, y en vez de convertirse en enemigo, se elevaba al augusto puesto de maestro. Había desaparecido el poeta satírico y aparecía el fabulista.

Véase en qué sencillísimo molde ha vaciado

El garrafón de Juana:

Tiene Juana un garrafón
Forrado de fina paja,
Que con un paño de holán
Sacude a tarde y mañana.
...
...
Le adorna los días festivos,
Para realzar sus galas.
Con bellas moñas de cintas
Azules, rojas y blancas.
No sabe donde ponerlo;
Con él sueña, ríe, habla;
...
...
Quise saber qué misterio
El favorito encerraba;

Llego, destapo, le alzo,
Mírole, y encuentro... ¡nada!
...
...
La comparé con el mundo
Porque inciensa y rinde parias
Al hombre que ve cercado
De la exterior pompa vana.
Mas, si a examinar llegáis
El interior de su alma,
La hallaréis hueca, vacía,
Como el garrafón de Juana.

A la protesta ha sucedido la reconvención; y es dulce, insinuante y persuasiva como todo estímulo hacia el bien.

IX

Si había alguien para quien fueran continua lección las alternativas del aprecio y del desprecio público, el elogio y la censura, del renombre y de la oscuridad, era aquel infeliz poeta pardo, encarcelado en medio de una sociedad *esclavista*, en donde los esclavos blancos se vengaban de su esclavitud haciendo más penosa la de los esclavos negros, y persiguiendo hasta la cuarta generación con la ley, con la burla, con la injusticia, con el aislamiento, al negro que se transformaba en mulato, en pardo, o en cuarterón.

Lentamente, minuto tras minuto, había estado destilando la gota de hiel sobre su alma. La gota de hiel cava conciencias, como la gota de agua cava piedras; y es un indicio inequívoco de fortaleza el que dio *Plácido* al presentarse tranquilo, impasible, imperturbable, más erguido cuanto más abatido, más fuerte cuanto más débil, más íntegro en su juicio y en su benevolencia cuanto más labrado y minado por la secreta acción de la injusticia, en la fábula que compendia alegóricamente una parte de su existencia.

Como el gallo vencido de su apólogo, él también fue vencedor. Entonces, los aplausos estruendosos; entonces, el olvido de su bastardía y el perdón de su color; entonces, las adulaciones en competencia, los halagos sofocantes, las ovaciones estrepitosas, las sonrisas de los grandes, la deferencia de los poderosos, la igualdad ante el talento.

Como el gallo de su apólogo, él también cayó vencido. ¿Por qué? nadie lo dijo. ¿Con qué justo motivo? nadie lo averiguó. Pero, estaba caído, y entonces surgieron de nuevo los recuerdos de su origen, las ironías punzantes, los sarcasmos sangrientos, las exterioridades recuperando su valor, las desigualdades imponiendo su injusticia.

Entonces también para el poeta, el descenso del ideal, el desvanecimiento de la ilusión, la clara aparición de la realidad, la dolorosa necesidad de analizarla, la sorda reconstrucción de sus ideas, el soliloquio sombrío, el sollozo apagado en la carcajada, la sátira mordaz desapareciendo ante la sonrisa benévola, la verdad desprendiéndose de la realidad, el hombre substituyendo al soñador y completando al poeta.

No hubiera éste expresado los trances de su lucha con la sonrisa en los labios y con el descuido que todos tenemos por las emociones, los actos y los pensamientos que han perdido su intensidad en la repetición, si la lucha hubiera sido más acerba: una fábula no basta para expresar un estado moral; una sonrisa socrática no basta para hacer eficaz una protesta contra un estado social. Pero la misma tibieza de la protesta, el mismo blando desdén de la sonrisa, demuestran la continuidad de la lucha y la fuerza de resistencia adquirida en ella.

Por eso las buenas lecciones que da *Plácido* en sus fábulas, producen, tomadas con atención y reflexión, el efecto que en nuestra vida cotidiana experimentamos al ver en los labios de un hombre educado por el dolor y desgarrado por la lucha, la sonrisa benigna: ella es por sí sola protesta, acusación, condenación; pero condena, acusa y protesta con la infalible majestad del habituado a triunfar en la derrota. El único gran momento de Napoleón es, a mis ojos, el en que lentamente y cabizbajo, se retira de Waterloo. Meditar y razonar la caída, eso es lo grande en el Satanás de Malta y en los hombres de la Historia y de la vida.

Eso es lo que, a su modo, hace *Plácido* en

Los dos gallos

«Brinca-Cercas», un gallo valeroso,
Vencedor de las riñas más tremendas,
Hallóse cierta vez con «Trabucazo»
Que también valentón nombrado era.
A los primeros tiros, cayó herido
Con una pata menos «Brinca-Cercas».
Mandólo el amo levantar al punto,
Y ganó «Trabucazo» la pelea.
Cantó con arrogancia, escarbó el suelo,
Haciéndole al contrario larga befa.
Un mes tras otro fuéronse, hasta un año,
Volviéronse a encontrar por contingencia,
Y el primero le dijo: «Hola, *Trabuco*,
Mira hoy donde guardas la cabeza;
Porque solo que tu amo te la quite,
La podrás libertar de mis espuelas.»
«Menos palabras contestó *Trabuco*,

Pues si no escapaste en la otra fiesta,
Como te pique firme por la barba,
No te daré lugar a brincar cercas».
Abocáronse al fin los dos contrarios,
Y *Trabuco* empezó con tal braveza,
Que ya contó cumplir con su palabra
Y dijo para sí, «la cosa es hecha».
El bravo *Brinca-Cercas* le seguía,
Como el que está velando a quien lo vela,
Y cuando menos lo esperó, *Trabuco*
Cayó de un tiro desnucado en tierra.
Entonces en silencio se quedaron
Los que aplaudieron su primer pelea,
Y los que le llamaran invencible,
Hoy con placer al vencedor celebran,
¡Así pasan las cosas de este mundo!
Pendientes todas de fortuna ciega
El que hoy es victorioso y aplaudido,
Si es vencido mañana, le desprecian.

X

A Plácido le sucedía en el movimiento de sus fábulas, lo que al león con sus cachorros. Lo habían acariciado hasta que lograron ponerlo al alcance de sus garras. Entonces, lo desgarraron.

La idea de la fuerza moral es tan compleja, que ninguna sociedad la ha poseído jamás en su valor total; son muy pocos los individuos que en cada sociedad son capaces de conocerla. De esa casi imposibilidad social y de esa casi incapacidad individual, nace el dolor más intenso y acaso el más sublime de los dolores sublimes: el que experimenta un gran espíritu, fortalecido por el combate de la vida, fuerte en su razón y en su conciencia, al ver confundir con la debilidad las que son expresiones decisivas de su fuerza.

Ese dolor devoraba Plácido. Nunca había sido más fuerte que cuando, desposeyéndose voluntariamente de todas las exterioridades de la fuerza, y moralizando su pensamiento y su conducta social y literaria, ascendía del pesimismo al optimismo, progresaba de la sátira incisiva de sus conversaciones a la moraleja insinuante de sus fábulas, y, en vez de seguir devolviendo los golpes recibidos, desviaba serenamente al agresor y al golpe, sonreía con plácida amargura, y proseguía tranquilamente en su progreso.

De esto se trataba para él; y es un placer tan íntimo, una alegría tan intensa el progresar, el sentir el crecimiento del espíritu, el percibir la distancia recorrida, el medir las proporciones crecientes de nuestras facultades, el comparar el vigor intelectual y moral de ayer con el de hoy, el conocerse más fuerte hoy por ser mejor, el prepararse para ser mañana más fuerte y mejor que se es hoy; el dominarlo todo, accidente, casualidad, fuerza bruta de la vida, lógica brutal de los sucesos, por el dominio absoluto de sí mismo, que aún no teniendo perfecta conciencia de la evolución que en él se realizaba, *Plácido* encontraba en ella la fuerza necesaria para resistir al impulso grosero de la realidad.

Pero, cuanto más fuerte era en su espíritu, más desdeñaba las armas de combate, y más débil lo creían.

Fuertes y poderosos del mundo, débiles e impotentes del espíritu se ensañaron en él, y, contemplándolo desde la altura casual del nacimiento o de la posición social, se complacían en hacerle guardar la diferencia, y le humillaban.

Como la palma de su fábula, alto por sí mismo, sobresaliente por su propio mérito, *Plácido* había adquirido la estatura y la grandeza que corresponden a la savia de su vida, a la fuerza de sus facultades creadoras, en tanto que las rastreras habían necesitado del auxilio de la casualidad o del capricho de la fortuna para elevarse más que ella; pero, se habían elevado, y desde la altura de la casualidad o de la fortuna, contemplaban con menosprecio a la palma generosa.

Como *Plácido*, a quien representa, la palma, «como aquel que contesta sonriendo», se concreta a explicar la diferencia de nivel, y en tanto que la malva se esconde, la palma se dispone a recibir la alabanza de la naturaleza porque

«A la vez asomaba el Sol radiante
Decorando de grana el firmamento,
Y el arroyo, las flores, y las aves
Cantaron de la palma el vencimiento.»

El poeta podía hacer justiciera a la naturaleza, prometiéndose así para la muerte la justicia que en vida le negaban; pero, harto sabía, al escribir *La Palma y la Malva*, que es una fábula, la distribución de justicia entre los hombres, y uno de sus méritos es el haber prescindido de ella.

La fuerza verdadera es la que no cuenta jamás con el éxito.

Mientras lo tuvo, Plácido fue débil. En el momento de sus fábulas es fuerte, porque ya es un mérito disputado y escarnecido, que es tanto mayor cuanto más lo disputan y lo escarnecen.

Seguro de sí mismo, puede ya sonreír sin combatir, y contar *sine ira et studio* su propia historia al referir la contienda de la palma con la malva:

Una malva rastrera que medraba
En la cumbre de un monte gigantesco

Despreciando una palma que en el llano
Leda ostentaba sus racimos bellos,
De este modo decía: «¿Qué te sirve
Ser gala de los campos y ornamento,
Que sean tus ramos de esmeralda plumas,
Y arrebatar con majestuoso aspecto?
¿De qué sirve que al verte retratada
En el limpio cristal de un arroyuelo,
Parezca que una estrella te decora,
Y que sacuda tu corona el viento;
Cuando yo, de quien nadie mención hace,
Bajo mis plantas tu cabeza tengo?»
La palma entonces remeció sus hojas,
Como aquel que contesta sonriendo,
Y la dijo: «Que un rayo me aniquile
Si no es verdad que lástima te tengo.
¿Te tienes por más grande, miserable,
Solo porque has nacido en alto puesto?
El lugar donde te hallas colocada
Es el grande, tú no; desde el soberbio
Monte do estás, no midas hasta el soto,
Mira lo que hay de tu cabeza al suelo.
Aunque ese monte crezca hasta el Olimpo,
Serás malva y no más, con todo eso.
Desengáñate, malva, no seas loca.»

Letrillas

La flor del café

Prendado estoy de una hermosa
Por quien la vida daré
Si me acoge cariñosa:
Porque es cándida y hermosa
«Como la flor del café».

Son sus ojos refulgentes,
Grana en sus labios se ve,
Y son sus menudos dientes,
Blancos, parejos, lucientes,
«Como la flor del café».

Una sola vez la hablé
Y la dije: «Me amas, Flora,
Y más cantares te haré
Que perlas llueve la aurora
Sobre la flor del café».

Ser fino y constante juro,
De cumplirlo estoy seguro,
Hasta morir te amaré
Porque mi pecho es tan puro
«Como la flor del café».

Ella contestó al momento:
«—De un poeta el juramento
En mi vida creeré,
Porque se va con el viento
"Como la flor del café"».

Cuando sus almas fogosas
Ofrecen eterna fe,
Nos llaman ninfas y diosas,
Mas fragantes que las rosas
«Y las flores del café».

«Mas cuando ya han conseguido,
Cual céfiro que embebido,
En el valle de Tempé,
Plega sus alas dormido
"Sobre la flor del café".»

«Entonces, abandonada
En soledad desgraciada
Dejan la que amante fue,
Como en el polvo agostada
"Yace la flor del café".»

Yo repuse: «Tanta queja
Suspende, Flora, porque
También la mujer se deja
Picar de cualquier abeja,
"Como la flor del café"».

«Quiéreme, trigueña mía,
Y hasta el postrimero día
No dudes que fiel seré;
Tú serás mi poesía
"Y yo tu flor de café".»

«A tu vista cantaré,

Y lucirá el arrebol
Que a mis dulces trovas dé,
Como a los rayos del Sol
"Brilla la flor del café".»

Suspiró con emoción,
Miróme, calló y se fue;
Y desde tal ocasión
Siempre sobre el corazón
«Traigo la flor del café».

La flor de la caña

Yo vi una veguera
Trigueña tostada,
Que el Sol envidioso
De sus lindas gracias,
O quizá bajando
De su esfera sacra
Prendado de ella,
Le quemó la cara.
Y es tierna y modesta,

Como cuando saca
Sus primeros tilos
«La flor de la caña».

La ocasión primera
Que la vide, estaba
De blanco vestida,
Con cintas rosadas.
Llevaba una gorra
De brillante paja,
Que tejió ella misma
Con sus manos castas,
Y una hermosa pluma
Tendida, canaria,
Que el viento mecía
«Como la flor de la caña».

Su acento divino,
Sus labios de grana,

Su cuerpo gracioso,
Ligera su planta:
Y las rubias hebras
Que a la merced vagan
Del céfiro, brillan
De perlas ornada,
Como con las gotas
Que destila el alba
Candorosa ríe
«La flor de la caña».

El domingo antes
De Semana Santa,
Al salir la misa
Le entregué una carta,
Y en ella unos versos
Donde le juraba,
Mientras existiera
Sin doblez amarla.
Temblando tómala
De pudor velada,
Como con la niebla
«La flor de la caña».

Halléla en el baile
La noche de Pascua,
Púsose encendida,
Descogió su manta,
Y sacó del seno
Confusa y turbada,
Una petaquilla
De colores varias.

Diómela al descuido,
Y al examinarla,
He visto que es hecha
«Con flores de caña».

En ella hay un rizo
Que no lo trocara
Por todos los tronos
Que en el mundo haya:
Un tabaco puro
De MANICARAGUA,
Con una sortija
Que ajusta la CAPA,
Y en lugar de TRIPA,
Le encontré una carta,
Para mí más bella
«Que la flor de la caña».

No hay ficción en ella,
Sino estas palabras:
«Yo te quiero tanto
Como tú me amas.»
En una reliquia
De rasete blanca,
Al cuello conmigo
La traigo colgada;
Y su tacto quema
Como el Sol que abrasa
En julio y agosto
«La flor de la caña».

Ya no me es posible

Dormir sin besarla,
Y mientras que viva
No pienso dejarla.
Veguera preciosa
De la tez tostada,
Ten piedad del triste
Que tanto te ama;
Mira que no puedo
Vivir de esperanzas,
Sufriendo vaivenes
«Como flor de caña».

Juro que en mi pecho
Con toda eficacia,
Guardaré el secreto
De nuestras dos almas;
No diré a ninguno
Que es tu nombre Idalia,
Y si me preguntan
Los que saber ansían
Quién es mi veguera,
Diré que te llamas
Por dulce y honesta
«La flor de la caña».

La flor de la piña

La fruta más bella
Que nace en las Indias,
La más estimada
De cuantos la miran,
Es la piña dulce
Que el néctar nos brinda
Más grato y sabroso
Que aquel que en la antigua
Edad saborearon
Deidades olimpias:
Pero es más preciosa
«La flor de la piña».

Cuando sobre el tallo
Preséntase erguida,
De verde corona
La testa ceñida,
Proclámala reina
La feraz campiña,
Salúdala el alba
De perlas con risa,
Favonio la besa,
Y el astro del día
Contempla extasiado
«La flor de la piña».

Como si tejiéseis
Una canastilla
De juncos al sesgo

Formando una pira;
Y en cada distancia
Que aljófar simila
Un rubí pusiérais
Fingiendo conchitas,
De aquellas pequeñas
Que el mar da en su orilla,
Así se presenta
«Con flores la piña».

Ella es emblema
De la infancia viva,
Fecunda en su tronco
Feraz en sus guías;
Y como le suelen
Nacer a las niñas
Amantes deseos
Mas bien por la vista
Así porque quede
La imagen cumplida
Brota por los ojos
«La flor de la piña».

Romances

Jicotencal

Dispersas van por los campos
Las tropas de Moctezuma,
De sus dioses lamentando
El poco favor y ayuda:
Mientras ceñida la frente
De azules y blancas plumas,
Sobre un palanquín de oro
Que finas perlas dibujan,
Tan brillantes que la vista,
Heridas del Sol, dislumbran,
Entra glorioso en Tlascala
El joven que de ellas triunfa;
Himnos le dan de victoria,
Y de aromas le perfuman
Guerreros que le rodean,
Y el pueblo que le circunda,
A que contestan alegres
Trescientas vírgenes puras:
«Baldón y afrenta al vencido,
Loor y gloria al que triunfa.»

Hasta la espaciosa plaza
Llega, donde le saludan
Los ancianos Senadores,
Y gracias mil le tributan.
Mas ¿por qué veloz el héroe,
Atropellando la turba,
Del palanquín salta y vuela,
Cual rayo que el éter surca?

Es que ya del caracol,
Que por los valles retumba,
A los prisioneros muerte
En eco sonante anuncia.
Suspende a lo lejos hórrida
La hoguera su llama fúlgida,
De humana víctima ávida
Que bajan sus frentes mustias,
Llega; los suyos al verle
Cambian en placer la furia,
Y de las enhiestas picas
Vuelven al suelo las puntas.
Perdón, exclama, y arroja
Su collar: los brazos cruzan
Aquellos míseros seres
Que vida por él disfrutan.
«Tornad a México, esclavos;
Nadie vuestra marcha turba,
Decid a vuestro señor,
Rendido ya veces muchas,
Que el joven Jicotencal
Crueldades como él no usa,
Ni con sangre de cautivos
Asesino el suelo inunda;
Que el cacique de Tlascala
Ni batir ni quemar gusta
Tropas dispersas e inermes,
Sino con armas, y juntas.

Que armen flechero más bravo,
Y me encontrará en la lucha
Con sola una pica mía

Por cada trescientas suyas;
Que tema el funesto día
Que mi enojo a punto suba;
Entonces, ni sobre el trono
Su vida estará segura;
Y que si los puentes corta
Porque no vaya en su busca
Con cráneos de sus guerreros
Calzada haré en la laguna.»
Dijo y marchóse al banquete
Do está la nobleza junta,
Y el néctar de las palmeras
Entre vítores apura.
Siempre vencedor después
Vivió lleno de fortuna;
Mas como sobre la tierra
No hay dicha estable y segura
Vinieron atrás los tiempos
Que eclipsaron su ventura,
Y fue tan triste su muerte
Que aun hoy se ignora la tumba
De aquel ante cuya clava,
Barreada de áureas puntas,
Huyeron despavoridas
Las tropas de Moctezuma.

Plegaria a Dios

Ser de inmensa bondad, Dios poderoso
A vos acudo en mi dolor vehemente;
Extended vuestro brazo omnipotente,
Rasgad de la calumnia el velo odioso,
Y arrancad este sello ignominioso.
Con que el mundo manchar quiere mi
  frente.

Rey de los reyes, Dios de mis abuelos,
Vos solo sois mi defensor, Dios mío.
Todo lo puede quien al mar sombrío
Olas y peces dio, luz a los cielos,
Fuego al Sol, giro al aire, al Norte hielos,
Vida a las plantas, movimiento al río.

Todo lo podéis vos, todo fenece
O se reanima a vuestra voz sagrada.
Fuera de vos Señor, el todo es nada,
Que en la insondable eternidad perece,
Y aún en esa misma nada os obedece,
Pues de ella fue la humanidad creada.
Yo no os puedo engañar, Dios de clemencia
Y pues vuestra eternal sabiduría
Ve al través de mi cuerpo el alma mía
Cual del aire a la clara transparencia,
Estorbad que humillada la inocencia
Bata sus palmas la calumnia impía.

Mas si cuadra a tu suma omnipotencia

Que yo perezca cual malvado impío,
Y que los hombres mi cadáver frío
Ultrajen con maligna complacencia,
Suene tu voz, y acabe mi existencia...
¡Cúmplase en mí tu voluntad, Dios mío!

Al pan de Matanzas

Los vivientes que algún día
Triscaban en tu espesura,
Hoy salen como las hadas
Al resplandor de la Luna.

Entre las palmas esbeltas
Y las flexibles yagrumas,
A recordar lo que fueron
Sus simples sombras se agrupan.

Dorados carcajes llevan;
Y sus cabezas circundan
De garzas y tocolores
Con blancas y rojas plumas.

Ya se apartan, corren, ríen,
Callan, bailan, o se juntan
A discantar sus amores,
O a llorar sus desventuras.

Así las bellas fantasmas
En la noche te saludan
Hasta que el alba en Oriente
La vuelta del Sol anuncia;

Entonces rápidas vuelan,
En la inmensidad se ocultan
Y solo se oyen sus ecos
Que repiten: «¡Cuba!... ¡Cuba!...».

Sonetos

La primavera

Llega marzo feliz, y los pastores
Celebran su verdor como embajada
Precursora de abril, y a la alborada
Tañen flautas y suenan atambores:

Embalsama Favonio con olores
El aire, y Flora, su deidad amada,
Aparece seguida y rodeada
De mil aves, mil plantas y mil flores.

Llena su vid de pámpanos la uva,
Crece la piña, extiéndese la higuera,
Y el ave extraña, por veloz que suba

Midiendo lista la espaciosa esfera,
Baja en los campos de la fértil Cuba
A gozar de su eterna primavera.

Al aniversario de la muerte de Napoleón

El águila caudal dejando el Sena
Bate sus alas al rayar el día,
Y de los aires la región vacía
Mide veloz con majestad serena:

Baja, y tiende la garra en Santa Elena
Con que la Europa un tiempo estremecía,
Pugnando por alzar la losa fría
Que yerto cubre al vencedor de Jena.

Suspende al fin el mármol atrevida
Mirando absorto con turbada frente
Tanta grandeza en polvo convertida;

Y aunque el estrago de sus triunfos siente;
De Bonaparte el nombre al Sol levanta
Su muerte llora, y sus victorias canta.

La primera sensación de amor

De la vida en la dulce primavera,
Ora llámese acaso, ora destino,
Hay un solo momento peregrino
Que fija nuestra suerte venidera.

Más rápida que el rayo en su carrera
Nos hiere el corazón con raro tino
En un fuego inflamándolo divino:
Tal es de amor la sensación primera.

Chispa sublime, emanación sagrada
Del Supremo Hacedor, que el cuerpo inerte
Abandona al morar la tumba helada;

Pero el alma inmortal eterna y fuerte
Lleva al cielo su imagen adorada,
Que no puede arrancarle ni la muerte.

Recuerdos

Cual suele aparecer en noche umbría
Meteoro de luz resplandeciente,
Que brilla, parte, vuela, y de repente
Queda disuelto en la región vacía;

Así por mi turbada fantasía
Cruzaron cual relámpago luciente
Los años de mi infancia velozmente,
Y con ellos mi plácida alegría.

Ya el corazón a los placeres muerto
Parécese a un volcán, cuya abrasada
Lava tornó a los pueblos en desierto;

Más el tiempo le holló con planta airada
Dejando solo entre su cráter yerto
Negros escombros y ceniza helada.

A una ingrata

Basta de amor: si un tiempo te quería
Ya se acabó mi juvenil locura,
Porque es, Celia, tu cándida hermosura
Como la nieve, deslumbrante y fría.

No encuentro en ti la extrema simpatía
Que mi alma ardiente contemplar procura,
Ni entre las sombras de la noche oscura,
Ni a la espléndida faz del claro día.

Amor no quiero como tú me amas,
Sorda a los ayes, insensible al ruego;
Quiero de mirtos adornar con ramas

Un corazón que me idolatre ciego,
Quiero besar a una deidad de llamas,
Quiero abrazar a una mujer de fuego.

Fatalidad

Negra deidad que sin clemencia alguna
De espinas al nacer me circuiste,
Cual fuente clara cuya margen viste
Maguey silvestre y punzadora tuna;

Entre el materno tálamo y la cuna
El férreo muro del honor pusiste;
Y acaso hasta las nubes me subiste,
Por verme descender desde la Luna.

Sal de los antros del averno oscuros,
Siguc oprimicndo mi cxistir cuitado,
Que si sucumbo a tus decretos duros,

Diré como el ejército cruzado
Exclamó al divisar los rojos muros
De la santa Salem... «¡Dios lo ha man-
 dado!»

Un loco cuerdo

«¡Nada, hombre, nada!» en la sonante orilla
Del mar gritaba un loco, y los curiosos
A él se llegaban, de saber ansiosos:
Los ve, sonríe, y más demente chilla.

Era de ver absorta la cuadrilla,
Mujeres, niños, viejos, perezosos,
Y tontos, y pedantes fastidiosos,
(Que en todas partes hay esta polilla).

Todos buscan al fin de aquella fiesta
Algún viviente entre la mar salada,
Y no viendo asomar humana testa:

«¿Qué diablos es?», la turba dice airada;
Mas él en tono grave les contesta:
«Nada señores, ya lo he dicho, nada.»

La muerte de Gesler

Sobre un monte de nieve transparente
En el arco la diestra reclinada,
Por un disco de fuego coronada
Muestra Guillermo Tell la heroica frente.

Yace en la playa el déspota insolente
Con férrea vira al corazón clavada,
Despidiendo al infierno acelerada
El alma negra en forma de serpiente.

El calor le abandona; sus sangrientos
Miembros lanza la tierra al Océano:
Tórnanle a echar las olas y los vientos;

No encuentra humanidad el inhumano;
Y hasta los insensibles elementos
Lanzan de sí los restos del tirano.

A Doris

En la muerte de Fela

Ya ves, Doris, los hados cuán contrarios;
No minorar intentes mis martirios
Al suave aroma de fragantes lirios
Ni al grato son de alondras y canarios:

Píntame oscuros bosques solitarios,
Lóbregas tumbas, funerales cirios,
Adaptables más bien a mis delirios,
Que aves y flores de colores varios:

Pues de amor anudaste el lazo fuerte
Ciñendo a Fela con el mirto de oro
En el próspero tiempo de mi suerte,

Riega, amigo, también doliente lloro
Y hondos lamentos sobre el polvo inerte
De una mujer que aun en la tumba adoro.

A mi amada

Mira, mi bien, cuán mustia y deshojada
Está con el calor aquella rosa
Que ayer brillante, fresca y olorosa,
Puse en tu blanca mano perfumada.

Dentro de poco tornarase en nada:
No verás en el mundo alguna cosa.
Que a mudanza feliz o dolorosa
No se encuentre sujeta u obligada.

Sigue a las tempestades la bonanza,
Siguen al gusto el tedio y la tristeza;
Mas perdona que tenga desconfianza

Y dude de tu amor y tu terneza,
Que habiendo en todo el mundo tal mu-
danza
¿Solo en tu corazón habrá firmeza?

Invocación

Fuente Castalia, donde solamente
Basta probar tus aguas cristalinas,
Para ser de las musas peregrinas
Siempre acogido con amor ardiente:

Dame tus aguas ¡oh Castalia fuente!
Y verás que pinturas tan divinas,
Tan sencillas, tan claras, y tan finas,
Hace mi fácil numen elocuente.

Pero si acaso a la plegaria mía
De tus aguas el curso has enfrenado,
No por eso acibaras mi alegría,

Y así, mundo, si estoy equivocado,
Bien puedes perdonar, pues todavía
De Castalia las aguas no he probado.

A Dorila de Almendar en su día

Índicos vates cuyas liras de oro
En torno suenan del excelso Pindo,
Bajo un verde y copado tamarindo
Te saludan con cántico sonoro.

Yo que al hechizo de Desval adoro,
En llanos versos mi homenaje rindo,
Y con plácida voz salud te brindo,
Fúlgida estrella del celeste coro.

¡Viva! dicen las aves sonrientes
Cual la de abril recién abierta rosa;
¡Viva! dice Almendar en sus corrientes,

Y alzando el almo Sol su faz gloriosa,
Alumbró con sus rayos esplendentes
Los dulces ojos de Dorila hermosa.

Otros poemas

La rosa de Trinidad. Dedicada al señor José A. Hernández

I

En la verde pradera
Que con sonante espuma
Riega el Táyaba undoso
Y flores mil dibuja,
Hay un rosal lozano,
Cuyo aliento perfuma
El aire fresco y suave
Que en torno de él circula.
Coronado de perlas
Le deja el alba pura,
Los céfiros le halagan,
La aurora le saluda,

Y las parleras aves
En su redor se agrupan
Cantándole abstraídas
Mil himnos de ventura.
Allí una madrugada
Al brillo de la Luna
Cercado del solemne
Silencio de las tumbas,
Pulsando distraído
Su bella lira ebúrnea,
Así cantaba un bardo
De la risueña Cuba.

II

«Flor preciada que el alba serena
Como estrella de paz y de amor
Grata mueves tu corola amena

Esparciendo suavísimo olor;
¡Cuánto es bello en tu cerco divino
Ver lucir el licor matinal,
Tu animado color purpurino
Y tu eterno verdor tropical!
Sola tú consolaras ¡oh rosa!
Mi pesar y amargura cruel;
Bendiciones a ti, reina hermosa
Del florido y fecundo vergel.
Si en las ondas del Táyaba brilla
Tu beldad de una ninfa en su sien,
Del San Juan en la plácida orilla
Nacen rosas y ninfas también.
Nacen rosas y ninfas, no empero
Más hermosas que aquestas serán,
Yo a cantarlas me brindo sincero,
Si les place el cantor de San Juan.
(Triste el bardo, dirán las hermosas),
Sin ventura a estos campos llegó,
Y del Táyaba a ninfas y rosas,
Olvidando sus males cantó.»

III

Perdóname ¡oh flor! si en tanto
Que el suave Alisio te mece,
Solo entono un débil canto,
Y no el himno que merece
Tu inocente cáliz santo.
Acaso en mejores días
Te tributaré loores;
Pues las desgracias impías
Más inspiran elegías,
Que cánticos a las flores.

Quizás desde el Yumurí
Recordaré tu beldad,

Y veré presente allí
Con sus hojas de rubí
La rosa de Trinidad.
Adiós, rosa peregrina,
Flor de dicha y bendición,
Jamás te amague la ruina,
Ni el arrasante aquilón
Deshoje tu faz divina.
A las castas hermosuras
Que me representas hoy,
Darás tus esencias puras;
Mientras yo infelice voy
A sentir mis desventuras.

IV Dijo el bardo, y suspirando
Marchose por la espesura
Que de San Ignacio el valle
A la simple vista oculta;

Bien como tórtola ausente
De su amor tálamo y cuna,
Que al discurrir por los campos
Tristísimamente arrulla.

Los ojos de mi morena

La luz del alba,
A cuyos brillos
Loan trinando
Los pajarillos;
No es tan hermosa,
Ni tan serena
Como los ojos
De mi morena.

La aurora pura
Que en el Oriente
Florcs y pcrlas
Muestra en su frente,
Esparce rosas;
Mas no enajena
Como los ojos
De mi morena.

No luce Apolo
En su brillante
Fúlgido carro
De oro y diamante;
Ni con sus rayos
El mundo llena
Como los ojos
De mi morena.

A ella no igualan
Alba ni aurora,

Ni Apolo mira
Cuanto atesora:
Y no hay quien vierta
Luz tan amena,
Como los ojos
De mi morena.

Las palmas del Yumurí

A la señorita Úrsula Deville

Ninfa del Yumurí, virgen hermosa
Cual la del alba matinal sonrisa
Cuando en el cáliz de un clavel se posa
Llevada por el céfiro y la brisa,
Y en quien ostenta Cuba venturosa
La pompa y gala de su rico suelo,
El eco de sus gratos ruiseñores,
La brillantez de su encantado cielo
Y el balsámico aliento de sus flores.
Salve mil veces, cándida Ursulina,
Cuya voz dulce, musical, descuella
En la patria de Heredia peregrina,
Como en las ruinas de la Alhambra bella
El canto de la alondra matutina.
¡Qué esperas, di!... ¿Legar a la memoria
Vagos recuerdos?, ¿páginas confusas?
¿Quieres dejar a la cubana historia
Subir debiendo al carro de las musas
Y lanzarte en la senda de la gloria?
¿No ves, rosa de Idalia,
Ángel preciado de la rubia zona,
Que las artistas célebres de Italia
A las que solo su renombre abona,
Si a ti las une su feliz destino
Contigo acuerdan su expresar divino,
Parten contigo su genial corona?...

¿Quién podrá marchitarte las sagradas

Diademas que te adornan, casta hurí,
Puras, como las conchas nacaradas
Que el mar regala al sesgo Yumurí?
Nadie, por Dios, marchita en lo más leve
Tu artística guirnalda tropical.
Y si es del cielo tu inspirada gracia,
Di a los potentes que en tu torno están:
«Hola, ricos de la alta aristocracia,
Ved en mí la cubana Malibrán.»
Y es así la verdad; pues por ventura
Cuando mil almas de tu voz pendían
Y diademas y aplausos te llovían,
¿No eras la reina, tú, de la hermosura?
De tu mérito y gracia admiradores,
¡Cuántos quedaron por tu amor muriendo,
Y cuántos te colmaron de loores
Y bendiciones al partir, cubriendo
Tu sien de lauros y tus pies de flores!...
Cuando tu acento divinal sonaba,
El lejano Canímar que entreoía,
Su cristal en la arena reclinaba,
Y la onda tersa que a morir corría
Sobre las duras peñas se rompía;
Mas por no interrumpirte, no sonaba.
El San Juan apacible, su sonora
Linfa detuvo: en nube transparente
Veló su faz la Luna brilladora,
Y el Pan quebró seis palmas de su frente
Para ceñir a su inmortal cantora.

La Luna de enero

Resuene el pandero,
Al monte, a la loma,
Vegueros, que asoma
La Luna de enero.

No la estéis buscando
Sobre el firmamento,
Que viene cual viento
Las flores hollando.
¡Si al ver el salero
De mi guajirilla,
Y el rostro hechicero
Parece que brilla
La Luna de enero!

Ábrense las flores
Aromas vertiendo
¡Qué hermosa es riendo!
Miradla, cantores;
Y los ruiseñores
Con trino parlero
La cercan volando,
Como saludando
La Luna de enero.

¿La veis entre galas
Como aves sencillas
Sobre sus rodillas
Sacuden las alas?

Cantando el jilguero
Junto a su hermosura
Dice el lisonjero:
—No luce tan pura
La Luna de enero.

El céfiro blando
Y amorcitos bellos,
Rizan sus cabellos
Las hebras soltando;
Y con grato esmero
Salpican su sayo,
Porque es mi lucero
La rosa de mayo,
La Luna de enero.

La malva azul

Ni extasiando las almas
Escucharán su lloro
La voz de sus arroyos y sus palmas.
Ni en lamentar sonoro
Los tonos blandos de su lira de oro.

Ni el eco en la espesura
Doblarán sus gemidos;
Ni aquella languidez modesta y pura
Con que en metros pulidos
Hablaba al corazón, no a los oídos.

Murió Fileno cuando
Tornaba al patrio puerto
Cual ruiseñor que al nido regresando
Baja del aire, muerto,
Y le cubre la arena del desierto.

Mas ¡ay!, que solamente
Brindar puedo a su historia
Una flor melancólica, inocente,
Versos a su memoria,
Llanto a su muerte y a sus cantos gloria.

El platero. Pie forzado

Un cáliz y una patena
Y una campanilla quiero
Y espero, señor platero,
Ha de ser cosa muy buena
Por la paga no os dé pena
Que yo la satisfaré.
Las primeras que nombré
Han de ser de oro muy fino
Y ahora no determino
La campanilla de qué.

Libros a la carta

A la carta es un servicio especializado para
empresas,
librerías,
bibliotecas,
editoriales
y centros de enseñanza;
y permite confeccionar libros que, por su formato y concepción, sirven a los propósitos más específicos de estas instituciones.

Las empresas nos encargan ediciones personalizadas para marketing editorial o para regalos institucionales. Y los interesados solicitan, a título personal, ediciones antiguas, o no disponibles en el mercado; y las acompañan con notas y comentarios críticos.

Las ediciones tienen como apoyo un libro de estilo con todo tipo de referencias sobre los criterios de tratamiento tipográfico aplicados a nuestros libros que puede ser consultado en Linkgua-edicion.com.

Linkgua edita por encargo diferentes versiones de una misma obra con distintos tratamientos ortotipográficos (actualizaciones de carácter divulgativo de un clásico, o versiones estrictamente fieles a la edición original de referencia).

Este servicio de ediciones a la carta le permitirá, si usted se dedica a la enseñanza, tener una forma de hacer pública su interpretación de un texto y, sobre una versión digitalizada «base», usted podrá introducir interpretaciones del texto fuente. Es un tópico que los profesores denuncien en clase los desmanes de una edición, o vayan comentando errores de interpretación de un texto y esta es una solución útil a esa necesidad del mundo académico.

Asimismo publicamos de manera sistemática, en un mismo catálogo, tesis doctorales y actas de congresos académicos, que son distribuidas a través de nuestra Web.

El servicio de «libros a la carta» funciona de dos formas.

1. Tenemos un fondo de libros digitalizados que usted puede personalizar en tiradas de al menos cinco ejemplares. Estas personalizaciones pueden ser de todo tipo: añadir notas de clase para uso de un grupo de estudiantes, introducir logos corporativos para uso con fines de marketing empresarial, etc. etc.

2. Buscamos libros descatalogados de otras editoriales y los reeditamos en tiradas cortas a petición de un cliente.

www.ingramcontent.com/pod-product-compliance
Ingram Content Group UK Ltd.
Pitfield, Milton Keynes, MK11 3LW, UK
UKHW042008190726
13854UKWH00005B/2217

9 788490 075104